ZAUBERHAFTE *Adventsmomente* FÜR DICH

Weihnachten rückt näher.
Plätzchenduft liegt in der Luft, Lichterketten und
Kerzen zieren Fenster und Fensterbretter.

Der Advent ist da!

Endlich darfst du die erste Adventskerze anzünden.
Ich wünsche dir eine wunderschöne Vorweihnachtszeit.
Lass es dir richtig gut gehen.

Der Zauber des Advents
lebt von der Erwartung
einer großen Freude.

Ingrid Koller

In der Weihnachtszeit
ticken die Uhren
gemütlicher.

Elfriede Engel

Mit einer dampfenden Tasse Punsch,
selbst gebackenen Plätzchen, einer kuscheligen Decke
und einem Buch in den Feierabend starten.

Hol dir das wohlige Gefühl

der Vorweihnachtszeit in deinen Alltag.

Sterne ins Fenster hängen,
Weihnachtsschmuck dekorieren,
Kerzen aufstellen und Lichterketten arrangieren.

ADVENTSZEIT IST PURE BEHAGLICHKEIT.

Genieße den vorweihnachtlichen Zauber,
der sich über dein Zuhause legt.

Es gibt
nichts Tröstlicheres als ein
BEHAGLICHES ZUHAUSE.

Jane Austen

Glück ist die kurze Zeit, in der man die Zeit vergisst.

unbekannt

Selbst gemachte Geschenke
sind immer etwas ganz Besonderes.
Sicher steckst du schon voller Ideen.
Ich wünsche dir

Kreativität und Spaß

beim Basteln, Handarbeiten
und Werkeln.

Ein Barbarazweig ist eine alte Tradition.
Schneide einen Apfel- oder Forsythienzweig,
stelle ihn in eine schöne Vase und
freue dich jetzt schon auf die ersten

zarten Blüten

an Heiligabend.

Die schönste Art des Wartens ist die Vorfreude.

Thomas Romanus

Wenn sich vor Weihnachten
die Termine häufen, sind

kleine Auszeiten

besonders wichtig. Nimm dir jeden Tag
ein bisschen Zeit nur für dich!

Wir können die Zeit
nicht anhalten,
aber innehalten
können wir zu jeder Zeit.

Kurt Haberstich

Am meisten
schenkt, wer
FREUDE
schenkt.

Mutter Teresa

Sicher machst du dir wie jedes Jahr viele Gedanken,
um für jeden das richtige Geschenk zu finden.
In Erinnerung bleiben vor allem die schönen Stunden,
die wir gemeinsam erleben. Deshalb ist

ZEIT DAS WERTVOLLSTE,

das wir schenken können.

An Wundern
ist niemals Mangel in der Welt.

Gilbert Keith Chesterton

Nicht alles liegt in unserer Macht,
aber Zuversicht und Optimismus können
viel Gutes bewirken. Glaube an ein

Weihnachtswunder!

*Die Natur hat im Winter
ihren ganz eigenen Reiz. Raureif
und Schnee verwandeln die Landschaft
und lassen die vertraute Umgebung
mystisch und verwunschen aussehen.
Lass diesen Anblick in Ruhe
auf dich wirken!*

Bald kommt die
liebe Weihnachtszeit,
worauf die ganze Welt sich freut;
das Land, so weit man sehen kann,
sein Winterkleid hat angetan.

Robert Reinick

Gerade an Weihnachten wünschen wir uns eine

FRIEDLICHE WELT.

Ich wünsche dir Gelassenheit im Umgang mit schwierigen Menschen – und dass du im Advent besonders versöhnlich gestimmt bist.

DER FRIEDE

ist keine Gottesgabe, sondern ein Geschenk, das wir selbst einander machen müssen.

Elie Wiesel

Advent zu fühlen
ist immer ein
Glücksgefühl.
Friederike Weichselbaumer

Ob Adventskonzert, Krippenspiel,
Chorgesang oder Wintermusical –
ich wünsche dir ein atmosphärisches
Event, das dich

festlich stimmt.

Was gibt es Schöneres,
als jetzt zusammen gemütlich
im Warmen zu sitzen, heitere oder
tiefsinnige Gespräche zu führen
und sich dabei der Freundschaft
und Liebe bewusst zu werden,
die uns geschenkt wird?

Das ist das Faszinierende
an der Weihnachtszeit:
Sie trägt ihr Licht nicht nur in die ganze Welt,
sondern auch in unser Miteinander,
in unsere Herzen.

Irmgard Erath

Der Glanz der Weihnacht
möge sich in alle Herzen legen
und dort für immer
eine Heimat finden.

Paul Hufnagel

In den Fenstern und Gärten glänzt
und glitzert die Weihnachtsbeleuchtung.
So festlich geschmückt sieht die Welt
gleich ganz anders aus. Genieße einen
Spaziergang durch die feierlich
beleuchteten Straßen und freue dich

am funkelnden Lichtermeer.

Advent hat seinen besonderen Duft:
Das fruchtige Aroma von Orangen und Mandarinen,
der würzige Geruch von Harz und Tanne,
zimtiger Bratapfel- oder Plätzchenduft
erfüllen den Raum. Bewahre den

DUFT DES ADVENTS

im Herzen.

Weihnachten ist ein

FEST FÜR DIE MENSCHHEIT.

Es kommt über einen und legt sich warm und weich auf einen und duftet nach Tannen und Wachskerzen und Lebkuchen und nach vielem, was es gab, und nach vielem, was es geben wird.

unbekannt

Hast du alle Weihnachtskarten
schon geschrieben?
Versende doch dieses Jahr einen

Weihnachtsgruß

an jemanden, mit dem du länger
nicht mehr in Kontakt warst – wer weiß,
vielleicht entwickelt sich daraus
ein wertvoller Austausch ...

Es ist ein

großes Glück,

wahre Freunde zu besitzen – doch ein noch größeres ist es, mit einem alten Freund durch das Fenster der Vergangenheit zu schauen.

Roswitha Bloch

*Die Adventszeit ist eine Zeit,
in der man Zeit hat, darüber
nachzudenken, wofür es sich lohnt,
sich Zeit zu nehmen.*

Gudrun Kropp

In der Vorweihnachtszeit darf es
ruhig ein bisschen kitschig werden, oder?
Hast du einen Lieblingsweihnachtsfilm?
Oder ein stimmungsvolles Buch, das dir
den Advent verschönert?

Viel Freude dabei!

Advent, das ist diese ganz besondere Mischung aus stiller Erwartung und froher Geschäftigkeit.

Ingrid Koller

Stürz dich in den Trubel!
Nichts bringt einen besser in
Weihnachtsstimmung
als ein Besuch auf dem Weihnachtsmarkt.
Ideal, um noch ein paar letzte Geschenke zu kaufen
und sich mit Freunden auf einen
Becher Glühwein zu treffen.

Hat es schon geschneit? Egal, ob die Welt
in dekoratives Weiß getaucht ist oder nicht,
ein Blick in den sternenklaren

NACHTHIMMEL

lohnt sich immer. Tauche ein ins endlose
Universum und werde dir bewusst,
dass du ein Teil davon bist.

Am winterlichen Nachthimmel
tanzen Sterne und
SCHNEEFLOCKEN
miteinander.

Friederike Weichselbaumer

Nimm dir heute ein paar
Extraminuten Zeit für Besinnung und

Dankbarkeit:

Was war schön in den letzten Monaten,
Tagen und heute? Was davon kannst du
selbst beeinflussen, indem du dir dieses
kleine Glück regelmäßig gönnst?

Die wertvollsten
Gedanken suchen uns heim,
wenn wir zur
Besinnung
kommen.

Ernst Ferstl

Was wünschst du dir zu Weihnachten?
Was sind deine Pläne und Ziele fürs neue Jahr?
Schließe die Augen und male dir die
Erfüllung deiner Wünsche
in den buntesten Farben aus.

Man darf seine Wünsche nicht aufgeben. Sie stimulieren Kreativität, Liebe und langes Leben.

Alexander Bogomoletz

Das Wunder der Weihnacht wird durch die Liebe spürbar.

Angelika Emmert

Hast du schon einen *Mistelzweig* besorgt? Egal, ob du eine neue Liebe intensivieren oder eine alte Liebe wieder auffrischen möchtest: Romantik und Weihnachten gehen Hand in Hand.

O TANNENBAUM …

Egal, ob du einen aufstellst und ihn üppig schmückst,
ob du Zweige arrangierst oder eine ganz eigene
neue Weihnachtsdeko-Tradition erschaffst –
Hauptsache, du genießt den Zauber dieser Zeit.

TRADITIONEN

bleiben beständig,
wenn wir sie kreativ gestalten.

Patrice Jeancourt

An Weihnachten spüren wir

unsere Wurzeln

besonders stark: Familie besuchen,
alte Freunde treffen, vertraute Lieblingsorte
aufsuchen …
Mögen sich viele schöne Erinnerungen
für dich damit verbinden!

An Weihnachten
führen alle Wege
nach Hause.
Marjorie Holmes

Die Botschaft
von Weihnachten ist, zuerst
das Gute in allem zu sehen.

Johanna Rückert

Das Jahr neigt sich dem Ende zu.
Ich wünsche dir, dass du dich mit einem
guten Gefühl von ihm verabschiedest und
dass du dem neuen Jahr voller

Neugier und Zuversicht

entgegensiehst.

Draußen weißer Schnee,
blauer Himmel, Winterkälte ...
Drinnen Kerzenschein, Plätzchenduft und
ganz viel
Herzenswärme.

Irmgard Erath

Ich wünsche dir ein friedliches Fest
und liebevolle Begegnungen mit
deinen Herzensmenschen.

Fröhliche Weihnachten!

Textnachweis: Wir danken allen Autoren bzw. deren Erben, die uns freundlicherweise die Erlaubnis zum Abdruck von Texten erteilt haben, sowie Herrn Ernst Ferstl, www. gedanken.at

Bildnachweis: TL Design/creativemarket.com

Cover, Layout und Satz: Petra Schmidt Grafik Design

Gesamtherstellung: Printfactory, Istanbul

Zauberhafte Adventsmomente für dich
GTIN 978-3-8485-0246-2

www.groh.de

MIX
Papier | Fördert
gute Waldnutzung
FSC® C130076
www.fsc.org

1 2 3 4 5